Eugen Daser

Über die deutschen Arbeitsgemeinschaft Selbsthilfegruppen

GRIN Verlag

Bibliografische Information der Deutschen Nationalbibliothek:

Die Deutsche Bibliothek verzeichnet diese Publikation in der Deutschen National-
bibliografie; detaillierte bibliografische Daten sind im Internet über http://dnb.d-
nb.de/ abrufbar.

Impressum:

Copyright © 2009 GRIN Verlag GmbH
Druck und Bindung: Books on Demand GmbH, Norderstedt Germany
ISBN: 978-3-656-34430-8

Dieses Buch bei GRIN:

http://www.grin.com/de/e-book/206862/ueber-die-deutschen-arbeitsgemeinschaft-
selbsthilfegruppen

GRIN - Your knowledge has value

Der GRIN Verlag publiziert seit 1998 wissenschaftliche Arbeiten von Studenten, Hochschullehrern und anderen Akademikern als eBook und gedrucktes Buch. Die Verlagswebsite www.grin.com ist die ideale Plattform zur Veröffentlichung von Hausarbeiten, Abschlussarbeiten, wissenschaftlichen Aufsätzen, Dissertationen und Fachbüchern.

Besuchen Sie uns im Internet:

http://www.grin.com/

http://www.facebook.com/grincom

http://www.twitter.com/grin_com

Hochschule Regensburg

Fakultät Angewandte Sozialwissenschaften

DEUTSCHE ARBEITSGEMEINSCHAFT SELBSTHILFEGRUPPEN e.V.

STUDIENARBEIT

AN DER

FACHHOCHSCHULE REGENSBURG

FAKULTÄT FÜR SOZIALWISSENSCHAFTEN

BACHELOR-STUDIENGANG „SOZIALE ARBEIT"

FÜR DIE LEHRVERANSTALTUNG

„ORGANISATIONSLEHRE"

IM

WINTERSEMESTER 2009/2010

VORGELEGT VON

EUGEN DASER

Inhaltsverzeichnis

1 Kleine geschichtliche Einführung in die Selbsthilfe

„Selbsthilfe in Gruppen hat die Fähigkeit, aus individueller Betroffenheit sowohl kollektive Erfahrungen und Integration als auch Teilhabe und Interessenvertretung zu erzeugen" (Thiel, W. 2007. Selbsthilfegruppenjahrbuch DAG SHG. S. 143-151. Gießen).

Mit Beginn der Industrialisierung entstanden sogenannte Hilfsvereine, wie Krankenkassen, Gewerkschaften, Berufsverbände und Wohlfahrtsverbände. Nach dem zweiten Weltkrieg entstand aus der Wohlfahrt heraus die erste deutsche Hauptstelle für Suchtfragen, in den 70er Jahren entstand dann die Bundesarbeitsgemeinschaft Selbsthilfe[1].

1982 folgte dann die deutsche Arbeitsgemeinschaft für Selbsthilfe e.V.[2]. Drei Jahre nach der Ottawa-Charta der Gesundheitsförderung, wurde die Selbsthilfe dann „überraschender Weise" in den Leistungskatalog der gesetzlichen Krankenversicherungen (SBG V, § 20. 4.) mit aufgenommen.

Entstanden sind die Selbsthilfegruppen sicherlich aus einem Mangel in der Versorgungslandschaft, was qualitative Leistungsangebote im Behindertenbereich vor allem betrifft.

Die Selbsthilfe hat für Menschen mit Behinderungen und chronischen Erkrankungen an Bedeutung gewonnen, letztlich durch die Ausgestaltung der gesundheitlichen Versorgung wird insbesondere dokumentiert, dass durch den Einbezug der Selbsthilfe in die Patientenbeteiligung, die in Deutschland im SGB V mit dem GKV - Modernisierungsgesetz von 2004 neu gesetzlich verankert wurde. Darüber hinaus gibt es seit 2009 für Selbsthilfegruppen (in ganz Bayern), einen einheitlichen Antrag und einheitliche Förderkriterien zur Krankenkassenförderung.

---

[1] nachfolgend BAGS genannt
[2] nachfolgend DAG SHG genannt

2 Vorstellung der deutschen Arbeitsgemeinschaft für Selbsthilfegruppen e.V.

Die Deutsche Arbeitsgemeinschaft Selbsthilfegruppen e.V. ist ein Fachverband zur Unterstützung von Selbsthilfegruppen und von Menschen, die sich für Selbsthilfegruppen interessieren.

Herausragend und sicherlich in besonderer Weise verdient gemacht, hat sich Michael Lukas Moeller, in den siebziger Jahren um die Selbsthilfegruppen, denn er beschäftigte sich mit dem Phänomen, dass der Austausch und die wechselseitige Beratung von Menschen, die das gleiche Problem haben, helfen kann, das Problem zu lösen. Somit kann man ihn als einen der wichtigsten Gründer der neuen Selbsthilfegruppenbewegung in Deutschland bezeichnen.

Die durch ihn mit gegründete Deutsche Arbeitsgemeinschaft Selbsthilfegruppen e. V. und ihr Projekt Nationale Kontaktstelle für Selbsthilfegruppen[3] in Berlin haben in den nachfolgenden Jahren dazu beigetragen, dass die Selbsthilfegruppen akzeptierter Bestandteil des Gesundheitssystems geworden sind und u.a. die Gesetzliche Krankenversicherung Selbsthilfegruppen finanziell unterstützt. Durch die im GKV-Wettbewerbsstärkungsgesetz (Oktober 2006) vorgesehene Neuregelung der Selbsthilfeförderung im § 20 c SGB V wird die Selbsthilfeförderung gestärkt und die Eigenständigkeit und gesundheitspolitische Bedeutung der Selbsthilfe ausdrücklich unterstrichen. (vgl. http://www.dagselbsthilfegruppen.de/site/fachverband/schwerpunkte/vertreter_der_selbsthilfe/).

Die deutsche Arbeitsgemeinschaft für Selbsthilfegruppen e.V. definiert dabei den Terminus „Selbsthilfegruppe" selbst wie folgt:

Selbsthilfegruppen sind freiwillige Zusammenschlüsse von Menschen, deren Aktivitäten sich auf die gemeinsame Bewältigung von Krankheiten, psychischen oder sozialen Problemen richten, von denen sie – entweder selber oder als Angehörige – betroffen sind. Ihr Ziel ist die Veränderung ihrer persönlichen Lebensumstände und häufig auch ein Hineinwirken in ihr soziales und politisches Umfeld.

---

[3] nachfolgend NAKOS genannt

Die Gruppe ist dabei ein Mittel, die soziale und persönlich-seelische Isolation aufzu-heben. Die Ziele der Selbsthilfegruppen richten sich dabei vor allem auf ihre Mitglie-der und nicht auf Außenstehende, darin unterscheiden sie sich auch von anderen engagierten Bürgerformen. Eine Selbsthilfegruppe ist in der Regel gemeinnützig und will mit ihrer Arbeit keinen Gewinn erwirtschaften. (vgl. Matzat, J. 2004. S. 17)

2.1 Ziele der Organisation

Das zentrale Ziel der Deutschen Arbeitsgemeinschaft Selbsthilfegruppen e. V. ist es, Menschen anzuregen zur freiwilligen, gleich berechtigten und selbst bestimmten Mit-arbeit   in   Selbsthilfegruppen.
(http://www.dagselbsthilfegruppen.de/site/wir_ueber_uns/ziele/)

In der DAG SHG finden sich Menschen zusammen die aktiv daran arbeiten möchten Krankheiten und ihre Auswirkungen auf psychischer oder sozialer Ebene von denen sie selbst oder als Angehörige, betroffen sind, gemeinsam zu thematisieren.

Dabei ist es das Bestreben der Deutschen Arbeitsgemeinschaft Selbsthilfegruppen e.V. die Gründungs- und Arbeitsbedingungen von Selbsthilfegruppen zu erleichtern, ebenso wie:

- die Öffentlichkeit über die Möglichkeiten der Gruppenselbsthilfe zu informie-ren,
- die fachliche Unterstützung von Selbsthilfegruppen qualitativ und quantitativ zu verbessern,
- die sozial- und gesundheitspolitische Anerkennung von Selbsthilfegruppen zu steigern,
- zeitgemäße Modelle zur finanziellen Förderung von Selbsthilfegruppen zu entwickeln,
- Fachleute zu Selbsthilfethemen fortzubilden,
- Einfluss auf Politik und Verwaltung nehmen, um ein Selbsthilfe freundlicheres Klima   in   unserem   Lande   zu   schaffen (vgl.http://www.dagselbsthilfegruppen.de/site/wir_ueber_uns/ziele/).

2.2 Leitlinien der Organisation

Die DAG SHG arbeitet übergreifend für Selbsthilfegruppen aller Themen und Probleme. Dies geschieht unabhängig und neutral gegenüber den verschiedensten Interessen im Sozial- und Gesundheitswesen.

Die DAG SHG richtet ihre fachliche und politische Arbeit schwerpunktmäßig an den Bedürfnissen und Interessen von kleineren, nicht verbandlich organisierten Selbsthilfegruppen aus den Bereichen körperlicher Erkrankungen/ Behinderungen, psychischer Erkrankungen und sozialer Problemstellungen sowie von Selbsthilfekontaktstellen als relevante professionelle Infrastruktureinrichtungen zur Selbsthilfeunterstützung aus. Durch ihr Engagement für die Bereitstellung förderlicher Rahmenbedingungen will die DAG SHG die Selbsthilfepotenziale von Betroffenen aktivieren und deren Engagement in Selbsthilfegruppen fördern.

Eine partnerschaftliche Kooperation zwischen der DAG SHG und Wirtschaftsunternehmen muss mit den satzungsgemäßen Zielen und Aufgaben der DAG SHG in Einklang stehen und diesen dienen.

„Die DAG SHG wird keine Zusammenarbeit akzeptieren, die die Gemeinnützigkeit des Vereins gefährdet oder gar ausschließt. In allen Bereichen der Zusammenarbeit mit Wirtschaftsunternehmen behält die DAG SHG die volle Kontrolle über die Inhalte der Arbeit und bleibt unabhängig. Jede Kooperation und Unterstützung durch Wirtschaftsunternehmen wird im Bestreben nach Transparenz behandelt, um die Neutralität und Unabhängigkeit der DAG SHG auch insoweit sicherzustellen.
Sollte mit einem Unternehmen eine Sponsoringvereinbarung getroffen werden, werden die geltenden steuerrechtlichen Vorschriften insbesondere im Hinblick auf die Gemeinnützigkeit von Vereinen beachtet". (http://www.dag-selbsthilfegruppen.de/site/data/DAGSHG_LeitlWirtsch22_6_04.pdf)

3 Aufgaben und Angebote der Organisation

Grundsätzlich lassen sich Selbsthilfegruppen von ihrem strukturellen Aufbau und ihrem Konzept her, in zwei verschiedene Typen unterscheiden. Dies wären die Psychologisch-therapeutisch orientierten Gesprächs-Selbsthilfegruppen und die sogenannten Anonymus – Gruppen, deren Philosophie darin besteht, die Balance zwischen der Selbst- und Fremdhilfe zu halten. Zudem ist die Deutsche Arbeitsgemeinschaft Selbsthilfegruppen e.V. auch an der Ausgestaltung der Selbsthilfeförderung durch die Rehabilitationsträger nach § 29 SGB IX beteiligt.

Die DAG SHG unterstützt Selbsthilfegruppen in der fachlichen Arbeit, aber auch in der Schaffung entsprechend positiver Rahmenbedingungen. Darüber hinaus stellt Sie eine Informationsplattform für Fachleute und die „breite Öffentlichkeit" dar. Die DAG SHG engagiert sich in der Qualifikation von Mitarbeiterinnen und Mitarbeiter, die in Kontaktstellen für Selbsthilfegruppen arbeiten und daher spezielle (Fort-) Bildungsangebote für die professionelle Selbsthilfeberatung benötigen. Seit 2004 gibt es hierfür eine eigene Arbeitsgruppe Fortbildung.

Darüber hinaus ist die DAG – SHG Ansprechpartner und Berater für Anfragen aus Politik und von Seiten der Krankenkassen. Grundsätzlich arbeitet die DAG – SHG in der Form, vor Ort spezialisierte Selbsthilfekontaktstellen zu installieren und diesen durch sachliche und fachliche Förderung unterstützende Rahmenbedingungen zu schaffen. Letzteres stellt in erster Linie den Schwerpunkt der DAG – SHG dar und wird in Empfehlungen zu Ausstattung und Aufgaben von Selbsthilfegruppen veröffentlicht.

Unterteilt ist die DAG SHG in vier Einrichtungen, deren Träger sie ist, „die auf Bundes- und Landesebene als Vernetzungsstellen der Selbsthilfeunterstützung agieren und die vielfältigen Vertretungsinteressen des Vereins mit übernehmen". (http://www.dag-selbsthilfegruppen.de/site/wir_ueber_uns/ziele/)

3.1 KOSKON – Koordination für Selbsthilfe-Kontaktstellen in Nordrhein-Westfalen

Eine Einrichtung der DAG – SHG, die seit 1990 existiert, ist KOSKON[4], die die Ziele der Arbeitsgruppe landesweit in Nordrhein-Westfalen umsetzt, vor allem die Öffentlichkeitsarbeit in der Form, möglichst viele Menschen zur Teilnahme an einer Selbsthilfegruppe zu motivieren. (vgl. http://www.dag-selbsthilfegruppen.de/site/wir_ueber_uns/einrichtungen/koskon/)

3.2 Selbsthilfe-Büro Niedersachsen

1991 wurde als vergleichbare Einrichtung das Selbsthilfebüro Niedersachsen ins Leben gerufen, zum einen setzt sich das Büro für den Aufbau und Fortbestand neuer und bestehender Selbsthilfekontaktstellen, zum anderen besteht sie in der Vermittlung von Interessierten an und in Selbsthilfegruppen. (vgl. http://www.dagselbsthilfegruppen.de/site/wir_ueber_uns/einrichtungen/niedersachsen/)

3.3 Kontaktstelle für Selbsthilfegruppen Gießen

Hier liegt sozusagen die Wiege der DAG – SHG. Vor über 20 Jahren begann hier das Engagement für die Gründung und Unterstützung von Selbsthilfegruppen, mittlerweile angegliedert an die Klinik für psychosomatische Medizin und Psychotherapie der Justus-Liebig-Universität Gießen. (vgl. http://www.dag-selbsthilfegruppen.de/site/wir_ueber_uns/einrichtungen/giessen/)

3.4 NAKOS – Nationale Kontakt- und Informationsstelle zur Anregung und Unterstützung von Selbsthilfegruppen

NAKOS existiert seit 1984 und ist ebenfalls eine Einrichtung der DAG SHG. Sie übernimmt bundesweit die Aufklärung im Feld der Selbsthilfe, zudem ist sie eine Service- und Netzwerkeinrichtung im Bereich der Selbsthilfeunterstützung in Deutschland.

Gleichermaßen ist sie Ansprechpartner für Betroffene und Professionelle die Informationen und Kontakte im Selbsthilfebereich benötigen. (vgl. http://www.dag-selbsthilfegruppen.de/site/wir_ueber_uns/einrichtungen/nakos/)

---

[4] Koordination für Selbsthilfe-Kontaktstellen in Nordrhein-Westfalen

4 Rechtliches

Selbsthilfegruppen unterliegen in der Regel freien gemeinnützigen Trägern. Die anerkannten Spitzenorganisationen der Selbsthilfe wären die DHS, BAGS, DPWV und letztlich die DAG SHG. Dabei sind natürlich an dieser Stelle auch die anerkannten Spitzenorganisationen zur Patientenunterstützung erwähnenswert, dies wären der BAGS, Bundesverband Verbraucherzentrale, DAG SHG und die Bundesarbeitsgemeinschaft Patientenstellen.

Die Rechtsform der DAG SHG gestaltet sich hier als ein eingetragener Verein, der seine Gemeinnützigkeit nachweisen kann. Die Satzung vom 07.06.2005 der deutschen Arbeitsgemeinschaft für Selbsthilfe e. V., liegt als Anlage bei.

5 Mitgliedschaften der Verbände

Als ein anerkannter Fachverband sowie maßgeblicher "Vertreter der Selbsthilfe" und somit auch als ein anerkannter Verband zur Vertretung von Patienteninteressen. Beteiligt sich die DAG SHG an einer Vielzahl von Fachgremien und Arbeitsgruppen.

Die DAG SHG ist neben der BAG Selbsthilfe und dem Paritätischen Gesamtverband, ein maßgeblicher und anerkannter Verband zur Vertretung der Interessen der Selbsthilfe. Die DAG SHG ist Mitglied im Gesamtverband des Deutschen Paritätischen Wohlfahrtsverband e.V., dem Bundesverband des Paritätischen Bildungswerk, e.V., im Bundesnetzwerk Bürgerschaftliches Engagement, sowie in der Bundesvereinigung Prävention und Gesundheitsförderung e.V. Dabei sind die DAG Verbände selbst jeweils in den einzelnen Landeshauptstädten vertreten. Folgende Ausnahmen sind hier für Thüringen in Magdeburg. dem Saarland in Mainz und für Hessen in Frankfurt.

Im Einzelnen bestehen die Mitglieder der DAG SHG selbst aus Mitarbeiterinnen und Mitarbeiter von Selbsthilfekontaktstellen, Fachkräfte aus psychosozialen und Gesundheitsberufen sowie sonstigen interessierten Einzelpersonen. Darüber hinaus zählen hierzu natürlich auch die Träger von Selbsthilfekontaktstellen, sowie Gruppen, Verbände, Institutionen und Körperschaften, denen die Selbsthilfegruppenunterstützung ein Anliegen ist.

„Neben einer Vielzahl von Einzelmitgliedern vertritt die DAG SHG vor allem die Belange der Selbsthilfekontaktstellen und der Selbsthilfegruppen / Initiativen, die nicht in den Dachverbänden chronisch Kranker und Behinderter organisiert sind. (vgl.http://www.dag-selbsthilfegruppen.de/site/fachverband/schwerpunkte/)"

6 Stellungnahme zur Auswahl der Organisation

Wenn man die Geschichte und letztlich die Entstehung von Selbsthilfegruppen betrachtet, ist es wohl auch nicht verwunderlich warum diese Organisation so vehement gewachsen ist.

Denn wenn man sich selbst einmal in die Rolle als Betroffener, Angehöriger oder Beobachter gibt, und ab von den meist analytischem Denken von Therapeuten geht, mag der Sprung von der Professionalität zum Laienhaften zwar eine große Hürde sein.

Jedoch wenn man sich vorstellt in einem Kreis ebenfalls Betroffener zu sein, mag hier nicht schon allein der Gedanke das es auch anderen leibhaftig so ergangen ist, vielleicht ihr Elend, ihr Kummer und ihr Schmerz noch viel tiefer sitzt, dies nicht alleine „Balsam" für die eigene Seele sein? – Was immer man als Außenstehender von diesem Wunsch und dieser Hoffnung auch halten mag. –

Wenn man dann noch einen Schritt weiter denkt und sich vorstellt, das die Menschen die einem zuhören wirklich wissen wovon man spricht, mag dieser Gedanke nicht alleine schon ausreichend dafür sein, um sich mit der Geschichte, den Strukturen und den Möglichkeiten einer solchen Organisation wie der DAG SHG näher auseinander zu setzen?

Dennoch abschließen möchte ich diese Arbeit und diesen Gedanken mit einem Zitat das mir gerade in den Sinn kommt.

„Wir sind so gerne in der Natur, weil diese keine Meinung über uns hat" (Friedrich Nietzsche).

7 Literaturverzeichnis:

DAG SHG – Homepage. Vom 10.11.2009.

http://www.dag-selbsthilfegruppen.de/site/wir_ueber_uns/ziele/

http://www.dag-selbsthilfegruppen.de/site/fachverband/schwerpunkte/vertreter_der_selbsthilfe/

http://www.dag-selbsthilfegruppen.de/site/fachverband/schwerpunkte/

http://www.dag-selbsthilfegruppen.de/site/data/DAGSHG_LeitlWirtsch22_6_04.pdf

http://www.dagselbsthilfegruppen.de/site/wir_ueber_uns/einrichtungen/niedersachsen/

http://www.dag-selbsthilfegruppen.de/site/wir_ueber_uns/einrichtungen/giessen/

http://www.dag-selbsthilfegruppen.de/site/wir_ueber_uns/einrichtungen/koskon/

http://www.dag-selbsthilfegruppen.de/site/wir_ueber_uns/einrichtungen/nakos/

Matzat, J. 2004. Wegweiser Selbsthilfegruppen. Psychosozial – Verlag.

Thiel, W. 2007. Selbsthilfegruppenjahrbuch DAG SHG. S. 143-151. Gießen.